Lobo Studio es mi espacio creativo, que nació para darle forma a todas mis ideas, y así difundirlas y compartirlas con ustedes.

A través de Lobo Studio crearemos maravillosos contenidos y materiales a partir de la imaginación, el diseño y la ilustración.

Atrapamos al Universo en lápiz y papel.

¡Hola Paleontólogos! ¿Cómo están?

Espero que tengan las maletas listas ya que vamos a dar un Dinoviaje alrededor del mundo, conociendo todo sobre los dinosaurios, dónde se encontraron, sus características físicas y muchos datos interesantes.

Espero que disfruten su experiencia con nosotros.

¿Qué es un dinosaurio?

Los dinosaurios fueron reptiles que sur-
gieron hace unos 230 ó 240 millones de
años. Durante su existencia, fueron los
seres dominantes sobre el planeta Tierra, mientras los mamíferos vivían bajo
su sombra,

¿Sabías que hubo más de 500 géneros

¿Cuándo vivieron los dinosaurios?

Los Dinosaurios vivieron durante la era Mesozoica, que duró 251 millones de años y terminó hace 66 millones aproximadamente.

La era se dividió en tres periodos: Triásico, Jurásico y Cretácico, siendo el Triásico dónde empezaron a surgir los dinosaurios y el Jurásico y Cretácico su apogeo, ¡Increíble!

¿Cuál es la conexión de los dinosaurios con las aves?

Los Dinosaurios son los antepasados de las aves modernas. Pertenecen a la misma familia genética que se llama Sauropsida.

Las aves fueron evolucionando adaptándose a las condiciones ambientales, de acuerdo al clima y la disponibilidad de alimentos.

¿Qué criaturas no eran dinosaurios?

A pesar de que la era Mesozóica fue domi-
nada por los Dinosaurios, algunas otras criaturas también vivieron en ese período.

Los Pterosaurios son comúnmente confun-
didos con Dinosaurios pero estos no lo eran,
fueron solo reptiles con la capacidad de vo-

¿Cuál fue el primer dinosaurio descubierto?

El Megalosaurus. Su nombre significa "lagarto gran-de" fue el primer Dinosaurio descrito en la historia.

Fue un Dinosaurio carnívoro que caminaba sobre sus dos poderosas patas traseras, equilibraba su peso con su gran cola, midió hasta 9 metros y vivió en el periodo Jurásico. ¡Más antiguo que el T-Rex!

Como nunca antes se había descubierto un Dinosau-rio, los paleontólogos lo imaginaron como un gran la-garto con una gran cabeza y que caminaba sobre

¿Cómo se llama el Dinosaurio carnívoro, con cabeza de cocodrilo y una espina gigante en su espalda?

El Spinosaurus. Fue un Dinosaurio carnívoro que vivió en África durante el período Cretácico.

Este Dinosaurio tiene unas medidas entre los 16 a 18 metros de largo y los 6 metros de alto. Pero esto no es lo más increíble del Spinosaurus, este poseía una cabeza alargada muy parecida a la de un cocodrilo con dientes hechos para pescar peces. Unos largos brazos con tres garras afiladas, probablemente los utilizaba para atrapar a su presa y no soltarla.¡ Y lo más increíble de todo! Una gigantesca espina dorsal en su espalda, los científicos no saben para que le servía pero viendo que este animal podía pasar mucho tiempo en el agua se cree que le pudo servir para nadar ¡Que locura!

20 m

¿Cuál es el dinosaurio más grande del mundo?

El mejor candidato al Dinosaurio más grande del mundo es el Patagotitan, un Dinosaurio titanosaurio que vivió a mediados del período cretácico en la Patagonia Argentina.

Al haber pocos fósiles no se sabe exactamente sus medidas, se estiman desde 40 metros de largo y un peso de 77 toneladas hasta 37 metros de largo, con un peso de 69 toneladas.

La Pelea de la Historia: Protoceratops vs. Velociraptor.

En Mongolia fue encontrado un increíble fósil de una batalla entre un Protoceratops y un Velociraptor.

El fósil muestra como el Protoceratops tiene la mano derecha del Velociraptor atrapada en sus fauces, y la mano izquierda desgarrando su cráneo; y la garra de la pata izquierda del Velociraptor clavada en un costado del Protoceratops.

No se sabe la causa de muerte, pero se tienen varias teorías. Una es que fueron enterrados por una tormenta de arena en medio del combate y la otra que les cayeron encima varios sedimentos.

¿Qué dinosaurios vivieron en climas fríos?

Aunque no lo creas, existieron Dinosaurios que vivieron en climas fríos como el poderoso Nanuqsaurus, un pariente del T-Rex, el cual se estima que midió 2 metros de altura y de 6 a 7 metros de largo, el Pachyrhinosaurus, un Dino-saurio que era pariente del Triceratops, midió de 5 a 8 metros de largo, convivió con el Nanuqsaurus en Canadá en el periodo Cretácico.

Se estima que ambos tuvieron dos capas de gruesas plumas para soportar el clima helado.

El Pachyrhinosaurus Canadensis o también conocido como Lagarto con Nariz gruesa, fue un Dinosaurio que vivió a finales del periodo Cretácico en Norte América. Midió de 5 a 8 metros de largo, 3 metros de alto y un peso de 2 a 4 toneladas.

Se cree que por el clima en el que vivió pudo tener capas de plumas por todo su cuerpo que lo protegían del intenso frio, pero esto, sigue siendo una teoría.

¿Cuál es el Dinosaurio con garras de guadaña?

¡Uno de los Dinosaurios más interesantes y aterradores del mundo es el poderoso Therizinosaurus,

Vivió en Mongolia a finales del periodo Cretácico, el Therizinosaurus tenía un pequeño cráneo al final de un cuello largo, caminaba sobre sus dos patas traseras de forma bípeda y tenía un cuerpo pesado y profundo.

Su nombre que significa "lagarto guadaña" es por un brazo gigante con largas garras que se halló en Mongolia, se estimó que medía de 8 a 12 metros de largo y 5,3 metros de alto . Su peso era de hasta 6 toneladas. Sus miembros superiores pudieron haber alcanzado los 2,5 metros de largo. Sus patas traseras terminaban en cuatro dedos del pie que sostenían el peso.

Se dice que sus garras pudieron usarlas para cortar las ramas de los árboles para comerlas, también pudieron servirle para defenderse de depredadores como el poderoso Tarbosaurus

¿Cuál es el extraño dinosaurio con una garra gigante y cabeza de cocodrilo?

El Baryonyx, su nombre significa "garra pesada".

Era familia, casi primo, del Espinosaurio, que vivió en Inglaterra a mediados del periodo Cretácico.

También se encontraron fósiles en otros lugares como España.

Su nombre se da porque tenía una enorme garra curva de más de 30 centímetros en cada mano, probablemente nadaba en aguas profundas para atrapar y abrir peces u otros animales con protecciones como caparazones. Midió entre 8,5 metros de largo y 5 metros de alto y pesó 1,7 toneladas, aunque se dice que el espécimen encontrado era juvenil por lo que pudo crecer aún más ¡Sin duda un animal increíble!

¿Hermanos, primos o el mismo Dinosaurio en distintas etapas de su vida?

El misterio del Pachycephalosaurus, el Stygi-moloch y el Dracorex.

Estos tres dinosaurios formaban parte del género paquicefalosáurido, vivieron en el mismo lugar y en la misma época.

Los científicos teorizan que estos tres en realidad formaban parte de la misma especie de Dinosaurio, más concretamente pachycephalosaurus, dejando a stygimoloch y dracorex como ejemplares juveniles.

El mito de la serpiente con patas.

No era un dinosaurio, pero vivió con ellos.

Najash era una pequeña serpiente de poco más de un metro que representa la transición de algunos reptiles que evolucionaron hasta volverse las actuales serpientes.

Esta pequeña serpiente todavía conservaba unas diminutas patas traseras que eran vestigios de cuando eran reptiles que caminaban. Junto a su cabeza en forma de pala, las patas pudieron ayudar a excavar madrigueras para esconderse, ésta a su vez confirma el origen terrestre de las serpientes, ya que antes se creía que las serpientes venían del océano ¡Impresionante evolución!

¿Cuál es el dinosaurio caníbal?

El Majungasaurus fue un Dinosaurio que vivió en la isla de Madagascar a finales del periodo Cretácico.

Medía de 6 a 8 metros de largo y de 2 a 3 metros de largo y poseía un pequeño cuerno en la parte superior del cráneo; tenía más dientes que otros dinosaurios de su misma especie.

Fue el mayor depredador de su ecosistema, cazaba diferentes Dinosaurios, pero es el único del que se tiene evidencia sólida de que practicaba canibalismo, es decir comía otros Dinosaurios de su misma especie.

Se han encontrado marcas de dientes en huesos de Majungasaurus que coinciden con la misma especie, y al no haber evidencia de otro gran depredador en el área la más lógica conclusión es que este depredador practicaba el canibalismo. No se sabe si era recurrente o solo en situaciones extremas, pero al ver el comportamiento de animales actuales se cree que pudo ser recurrente como en los Dragones de Komodo.

¿Cuál es el Dinosaurio que parece un Rinoceronte?

El Sinoceratops. Este curioso Dinosaurio es pariente del Triceratops.

Vivió en China a finales del periodo Cretácico, su nombre significa "cara china con cuernos".

Midió de 6 a 7 metros de largo, 2 metros de altura y un peso de 2 toneladas, al igual que un Rinoceronte. Esto lo hace de los ceratópsidos más grandes encontrados. Su característica más particular y que lo asemeja con un rinoceronte es su único cuerno corto con forma de gancho que se encuentra sobre su nariz, ¡se imaginan un encuentro entre estos dos!

¿Quién era el Gigantoraptor?

El Gigantoraptor fue un gran dinosaurio que vivió en Asia a finales del período Cretácico.

Este inmenso dinosaurio fue el más grande de su tipo con 8 metros de largo y un peso de más de una tonelada. Era un animal bípedo con un largo cuello, fuertes garras, una corta cola y una pequeña cabeza con un pico. Se sigue especulando si tuvo o no plumas pues algunos miembros de su grupo presentan plumas.

Amargasaurus fue un Dinosaurio de cuello largo
encontrado en Argentina; vivió a comienzos del
periodo Cretácico.

Midió de 9 a 10 metros de largo y tuvo un peso
de 2 toneladas, siendo pequeño para ser un Sau-
rópodo.

Lo curioso de este animal fueron las extrañas
espinas vertebrales que tenía alrededor de todo
su cuerpo, estas eran extremadamente largas.
Aunque no se conoce para que las pudo usar el

¿Cuál es el dinosaurio carnívoro con cuernos de toro?

El Carnotaurus fue un Dinosaurio carnívoro que vivió en Argentina a finales del periodo Cretácico. Su nombre significa "toro carnívoro", esto se debe a los cuernos que presenta en su cráneo sobre sus cavidades oculares.

Media de 7,5 a 9 metros de largo siendo de los más grandes de su grupo; tuvo patas extremadamente largas lo cual muestra que era un depredador hecho para la carrera y perseguir a su presa, este animal al morir dejó en el lodo marcas de su piel, esto ayudó a los expertos a reconstruir no solo la piel de Carnotaurus si no hasta el mismo T-Rex ¡Sin dudas fue un verdadero toro carnívoro!

¿Cuál es el dinosaurio carnívoro más grande de Sudamérica?

En Norteamérica vivió el T-Rex, uno de los Dinosaurios carnívoros más grandes del mundo, en África vivió el Spinosaurus, el Dinosaurio carnivoro más grande descubierto. Pero entre el T-Rex y el Spinosaurus vivió en Sudamérica el inmenso Giganotosaurus, que como su nombre dice fue un gigante de entre 12 a 13 metros de largo.

Fue más grande que el T-Rex pero más pequeño que el Spinosaurus, y de los más mortíferos.

Sus dientes y mordida estaban hechos para para desgarrar la carne: se cree que su técnica era morder a su presa y si esta jalaba para intentar liberarse se desgarraban sus tejidos, esto dejando muy herida a su presa. ¡Un animal de temer!

¿Existen Dinosaurios en Venezuela?

Aunque no se han encontrado muchas especies de Dinosaurios en Venezuela, se conocen dos especies originarias de la formación "La Quinta" en el estado de Táchira, estas son el Tachiraptor y Laquintasaura.

El Tachiraptor era un pequeño depredador de poco más de un metro de largo. Se pudo alimentar de animales pequeños como insectos o lagartijas; al haber poca evidencia fósil no se sabe a qué grupo pertenece el Tachirptor por lo que se lo clasifica como "neo terópodo".

Laquintasaura fue un pequeño animal herbívoro de un metro el cual le debe su nombre al lugar en el que fue encontrado: la formación "La Quinta", en el estado Táchira.

Estos dos animales vivieron durante el periodo Jurásico y son, hasta ahora, los únicos Dinosaurios Venezolanos que se han encontrado

El Laquintasaura forma parte de la cadena evolu-
tiva del Stegosaurio.

Los científicos encontraron un hueso de su espini-
lla y parte de la cadera, lo que permitió identificar
y clasificar esta especie.

Este dibujo es mi reinterpretación de la recons-
trucción científica, y está inspirado en la Guaca-

Y en Colombia, ¿Hay Dinosaurios?

Padillasaurus fue un dinosaurio que vivió en Sudamérica a comienzos del periodo cretácico, fue descubierto en la "formación Paja" de Colombia.

Representa al primer braquiosáurido que vivió en Sudamérica.

Al haber poco material no se sabe exactamente su tamaño, pero se estima que midió de 16 a 18 metros de largo y puede haber pesado cerca de 10 toneladas

¿Quién era conocido como el Rey de los Dinosaurios?

Tyrannosaurus Rex, del griego "Rey de los lagartos tiranos", fue uno de los últimos Dinosaurios no avianos que existió.

Es probablemente el Dinosaurio más conocido; vivió a finales del periodo Cretácico en Norteamérica. Midió de 3 a 6 metros de alto, 13 metros de largo, con un peso de 6 a 9 toneladas. Tuvo un promedio de vida de 30 años, y se dice que tenía un ciclo de crecimiento parecido al del ser humano.

Se sigue debatiendo si tuvo plumas o no, pero se especula que de joven estaba cubierto de plumas y al ir creciendo las iba perdiendo.

Su arma principal era su mordida; podía ejercer más 35.000 newtons de presión, más del doble que la mordida de un cocodrilo y 8 veces más que la mordida de un león, esta mordida era capaz de destruir huesos y se cree que podría arrancar más de 200 kilos de un solo mordisco ¡sin dudas fue el Rey de los Dinosaurios!

Hateg: la Isla de los Dinosaurios Enanos

La Isla de Hațeg era una gran Isla Europea, que ahora está extinta, situada en el mar de Tethys a finales del período cretácico, ubicada en lo que hoy se conoce como Rumania. Esta isla es famosa por el descubrimiento de numerosos fósiles, que forman parte de una fauna con características únicas.

El paleontólogo húngaro Franz Nopcsa teorizó que los "recursos limitados" en la isla tuvieron un efecto en la "reducción en el tamaño de los animales", causando un efecto localizado del enanismo insular. La teoría es ahora ampliamente aceptada.

¿Un Dinosaurio o un Tanque Blindado?

Ankylosaurus, en griego "lagarto acorazado de vientre grande". Fue un dinosaurio herbívoro que vivió a finales del periodo Cretácico en Norteamérica.

Se distingue por una gran armadura de hueso que rodea su cuerpo y una cola con un poderoso mazo en la punta. Es el más grande y el más famoso de su tipo, midió de 6 a 8 metros de largo, 1,7 metros de alto y llegó a pesar más de 2 toneladas.

Su armadura y su cola lo pudieron ayudar a defenderse de grandes depredadores como el T-Rex ¡Sin dudas se merece su apodo del Tanque Blindado!

El Rey de América del Sur

Los Abelisaurios formaron un grupo de Dinosaurios que vivieron desde el periodo Jurásico hasta el Cretácico. Se distribuyeron a lo largo del Hemisferio Sur, desde Sudamérica hasta Asia y África.
Se caracterizaron por ser Dinosaurios terópodos de tamaño medio con brazos extremadamente cortos con 4 dedos, cráneos cortos y robustos con protuberancias y por ser considerados primitivos.

Algunos de los miembros de este grupo que ya han sido mencionados en este libro son Carnotaurus y Majungasaurus y a pesar de que no fueron de los máximos depredadores de sus ecosistemas (en algunos casos), abundan y persistieron en el sur ¡Sin duda los Reyes del Sur!

Triceratops: el emperador

Aunque el T-Rex fue el máximo depredador de su entorno, había Dinosaurios que podían enfrentarlo y vencerlo, como el mencionado Ankylosaurus y el poderoso Triceratops.

El Triceratops fue un inmenso dinosaurio herbívoro cuadrúpedo de 7 a 9 metros de largo, una altura de 2 a 3 metros y un peso superior a las 3 toneladas. Este colosal animal tenía una gran corona de hueso que protegía su cuello, su arma principal fueron sus 3 cuernos que se encontraban en su cara, de ahí su nombre "cara con tres cuernos".

Un T-Rex tenía que tener cuidado de no ser perforado por uno de esos mortíferos cuernos. ¡Un oponente digno del Rey de los Dinosaurios!

¿Cuáles eran los Dinosaurios carnívoros más grandes del mundo?

Algunos de los Dinosaurios carnívoros ya los hemos visto, vamos a completar la lista y a colocarlos desde el más grande hasta "el más

Spinosaurus: 6 metros de alto,16 a 18 metros de largo y un peso mayor a las 7 toneladas

Giganotosaurus: más de 4 metros de alto, de 12 a 13 metros de largo y más de 6 a 8 toneladas de peso
Tyrannosaurus Rex: 3,7 a 6 metros de alto, 12 a 13 metros de largo y hasta más de 8 toneladas de peso.

Mapusaurus: Fue un dinosaurio terópodo que vivió en Sudamérica a principios del periodo cretácico. media 3,5 de alto, 12 a 12,2 metros de largo, y pesaba más de 3 toneladas.

Carcharodontosaurus: Fue un dinosaurio terópodo que vivió en África durante el periodo cretácico. media de 3 a 6 metros de alto, de 10 a 12 metros de largo y de 4 a 8 toneladas de peso

¿Cuál fue el Raptor más grande?

Normalmente los raptores no superaban el tamaño de un perro; sin embargo, existió uno que rompió esa barrera.

El Utahraptor fue un inmenso Dinosaurio dromaeosáurido que vivió en el estado de Utah, Estados Unidos. Fue un inmenso depredador de 1,5 metros de alto y de 5 a 7 metros de largo. Es el más grande de su grupo, al cual pertenece su pariente más famoso Velociraptor.

Como otros raptores, el Utahraptor tenía unos largos brazos con tres garras afiladas y una garra con forma de gancho en su pie, probablemente usada para cortar la carne de sus presas. Se esima que tenía plumas en todo su cuerpo como los otros raptores ¡un animal de temer!

¿Cómo se extinguieron los Dinosaurios?

Hace 66 millones de años el 70% de la vida del planeta, tanto vegetal como animal, murió. No se sabe cómo ocurrió esta gran catástrofe, pero la opinión más aceptada es que un inmenso Meteorito se estrelló en la Tierra, causando un desbalance en la atmósfera y liberando gases que causaron importantes cambios climáticos y generaron la muerte de innumerables formas de vida.

No obstante, se dice que la extinción de los Dinosaurios estaba ocurriendo desde antes de la caída del Meteorito y que este último solo fue el clavo en el ataúd para estas magnificas criaturas.

Sabemos que no importa lo que pase, siempre habrá vida en la Tierra, pero esto no significa que vaya a ser igual.

¡Paleontólogos!

Hemos tenido un buen viaje. Espero que se hayan divertido aprendiendo sobre Dinosaurios y criaturas extintas, y que no crean que esto termina aquí; ya que como dice el dicho cuando completas una aventura, otra está a punto de empezar.

Así que esperen un poco y prepárense para nuestro próximo viaje.